BEI GRIN MACHT SICH IHR WISSEN BEZAHLT

- Wir veröffentlichen Ihre Hausarbeit,
  Bachelor- und Masterarbeit

- Ihr eigenes eBook und Buch -
  weltweit in allen wichtigen Shops

- Verdienen Sie an jedem Verkauf

Jetzt bei www.GRIN.com hochladen und kostenlos publizieren

Bibliografische Information der Deutschen Nationalbibliothek:

Die Deutsche Bibliothek verzeichnet diese Publikation in der Deutschen National-
bibliografie; detaillierte bibliografische Daten sind im Internet über http://dnb.d-
nb.de/ abrufbar.

Impressum:

Copyright © 2011 GRIN Verlag, Open Publishing GmbH
Druck und Bindung: Books on Demand GmbH, Norderstedt Germany
ISBN: 9783668332034

Dieses Buch bei GRIN:

http://www.grin.com/de/e-book/343822/zur-bedeutung-des-nationalen-in-der-
romantik

Ralph Wallenborn

Zur Bedeutung des "Nationalen" in der Romantik

Oder: Die Verklärung des "Volksgeists"

GRIN Verlag

GRIN - Your knowledge has value

Der GRIN Verlag publiziert seit 1998 wissenschaftliche Arbeiten von Studenten, Hochschullehrern und anderen Akademikern als eBook und gedrucktes Buch. Die Verlagswebsite www.grin.com ist die ideale Plattform zur Veröffentlichung von Hausarbeiten, Abschlussarbeiten, wissenschaftlichen Aufsätzen, Dissertationen und Fachbüchern.

Besuchen Sie uns im Internet:

http://www.grin.com/

http://www.facebook.com/grincom

http://www.twitter.com/grin_com

FACULTEIT DER WIJSBEGEERTE, ERASMUS UNIVERSITEIT ROTTERDAM
BACHELOR FILOSOFIE VAN EEN WETENSCHAPSGEBIED

Zur Bedeutung des ‚Nationalen' in der Romantik

Oder: Die Verklärung des ‚Volksgeists'

Ralph Wallenborn

20-8-2011

WÖRTERZAHL 12041

Inhaltsverzeichnis:

Benutzte Abkürzungen im Text:

RedA:	Romantik, eine deutsche Affäre von Rüdiger Safranski
JvGuB:	Jenseits von Gut und Böse von Friedrich Nietzsche
JGH:	Johann Gottfried Herder von Jens Heise
Tctoh:	The crooked timber of humanity von Isaiah Berlin
AePdGzBdM:	Auch eine Philosophie der Geschichte zur Bildung der Menschheit von J.G. Herder

0. Vorwort – Die Romantik: Eine deutsche Affäre?

Die allgemeine Fragestellung dieser Arbeit ist es, ob es möglich ist, das `Deutsche' mit einer festen Identität zu verknüpfen, die es erlaubt, propositionelle Aussagen darüber zu machen. Gibt es so etwas wie ein `deutsches Gemüt', das im Lichte der Einbindung in nationale Strukturen Rückschlüsse über einen Volkscharakter zulässt? Oder läuft jede Aussage über das spezifisch `Deutsche' unwiderruflich auf verfängliche Generalisierungen hinaus? Als Ausgangspunkt habe ich die Untersuchung von Rüdiger Safranski zur Romantik genommen, in der er prinzipiell das `Deutsche' mit einem nationalen Bewusstsein verbindet.

Der Titel von Safranskis Buch, **Romantik** *Eine deutsche Affäre*, scheint schon etwas über den Inhalt zu verraten. Der Untertitel ist nicht mit einem Fragezeichen versehen worden, was die Frage aufwirft, ob die Romantik als geistesgeschichtliche Strömung als eine typisch *deutsche* Bewegung in der Literatur und Geistesgeschichte auf diese Weise abzugrenzen ist. Hier könnte die einigermaßen polemische Klassifizierung von Nietzsche vielsagend gewesen sein: er nannte die Deutschen `von vorgestern' und `von übermorgen'(JvGuB, S.172f). Es ist die Frage, ob es Safranski gelungen ist, die angedeutete Verbindung zwischen Nationalität und romantischer Schule aufzudecken.

In erster Instanz soll hier der Rahmen abgesteckt sein, innerhalb dessen diese Studie stattzufinden hat. Als philosophische Arbeit sollte meines Erachtens das Blickfeld für das Verständnis der Entstehungsweise der literarischen Entwicklung von romantischen Formen im Vordergrund stehen, da eine jeweilige Literatur nie *für sich* existiert, sondern in ihrem Entstehen immer einer geistigen `Verfassung' oder Grundstimmung verhaftet ist. Der Ausdruck *Zeitgeist* wäre in diesem Fall zu grobschlächtig, um dem unterliegenden Strom einer literarischen Form gerecht zu werden.

Können die vielfältigen Formen innerhalb der Romantik so einfach unter einen Hut gebracht werden, dass man diese als eine eigentümlich *deutsche* Strömung dahinstellen kann, ohne in grobe Simplifizierungen zu verfallen? Einerseits scheint es aberwitzig, die Romantik mit einer deutschen Identität in Verbindung zu setzen, da es während ihrer Entstehungsgeschichte keine staatliche Einheit im deutschen Sprachgebiet gab. Andererseits bieten die romantischen Ausdrucksformen vielleicht gerade deshalb Anhaltspunkte für die um 1800 erwünschte nationale Identitätsbildung, insofern man nicht die territorialen Grenzen, sondern die deutsche Sprache als kulturtragendes Element zum Ausgangspunkt nimmt. Es ist in diesem Rahmen die Frage, wie der universalistische Anspruch der Romantiker – sie verlangen nach einer `progressiven Universalpoesie' – mit einer typisch deutschen Geisteshaltung in Einklang gebracht werden kann.

In Anbetracht der immensen Menge von Namen, Theorien und differenten Ansichten in Bezug auf dieses Thema werde ich zuerst die Methodik meines Vorhabens hier darstellen. Im ersten Kapitel beschränke ich mich auf den Werdegang der Romantik, so wie er in der Schilderung Safranskis zum Vorschein kommt. Es ist dabei unerlässlich, viele Daten, Nebensächlichkeiten, aber auch interessante Nebenwege der vorliegenden Arbeit Safranskis wegzulassen, weil diese den Rahmen meiner Untersuchung sprengen würden. Es liegt also in der Natur der Sache, dass ich eine Auswahl habe treffen müssen, die meines Erachtens diesem Thema – die Grundtöne der romantischen Strömung und deren Wirkungsgeschichte in der Kulturdebatte *als* **deutsche** Strömung – am besten gerecht werden.

In dem zweiten Kapitel gründet die Analyse von dem Herderschen Gedankengut auf drei Pfeilern: erstens beschreibe ich die Art und Weise, wie Safranski sich mit Herders Erforschung des nationalen und anthropologischen Ursprungs der Kultur befasst. Danach habe ich die Einführung zu Herder von Jens Heise (1998) zum Ausgangspunkt meiner weiteren Erörterung genommen, wobei sowohl die Frage nach der Bedeutung des sprachlichen Bereichs, als der anthropologische Horizont von Herders Kulturforschung besondere Aufmerksamkeit verdienen. Den Hauptanteil des zweiten Kapitels bilden jedoch die Essays von Isaiah Berlin, die unter dem Titel *Das krumme Holz der Humanität* im Jahre 1990 erschienen sind. Sie erlauben einen Rückblick – und vielleicht ebenso einen Vorausblick – auf das romantische Erbgut Deutschlands, das wesentlich von der Leistung Herders beeinflusst wurde.

Im letzten Kapitel werde ich abschließend das bisher Dargestellte zusammenfassen und mit meinem Kommentar versehen. Sowohl das erste als das zweite Kapitel enthalten jeweils eine Zwischenbilanz, um im letzten Kapitel auf adäquate Weise zu einer endgültigen Analyse meiner Untersuchung zu kommen.

Das Verhältnis der verschiedenen Kapitel untereinander ist wie folgt: Das Buch Safranskis dient als Grundlage für die These, dass man historisch gewachsene Eigentümlichkeiten (das Nationale) auf geistesgeschichtliche Strömungen wie die Romantik beziehen kann. Im zweiten Kapitel soll der Wahrscheinlichkeitswert einer solchen Betrachtungsweise in das Licht der Herderschen Kulturanalyse gestellt werden, wobei die Frage im Vordergrund steht, inwiefern diese von Safranskis Studie abweicht. Auch die Beschäftigung mit Isaiah Berlin und dessen Erörterung der Romantik in der Wirkungsgeschichte knüpfen an diese Frage an. Das zweite Kapitel ist also eine Kontrolle der von Safranski formulierten und in die Praxis umgesetzte These.

Interessanterweise ist die romantische Grundhaltung – das alltägliche Leben zu poetisieren und gleichzeitig zu übersteigen – sowohl von rechtsorientierten als linksorientierten Ideologien vereinnahmt worden. Die faschistische Kulturideologie war fasziniert von dem volkstümlichen Aspekt, während die kommunistische Literaturkritik sich in den 70er Jahren des vorigen Jahrhunderts für das Revolutionäre begeisterte. Während die einen ihren Konservatismus auf die romantische Literatur projizierten, sahen die anderen eher ihren

Erneuerungsdrang in ihr bestätigt.[1] Auch hier stellt sich die Frage, inwiefern man eine Strömung mit einer solchen Bandbreite von Projektionsmöglichkeiten zu einer nationalen Literatur erklären kann, ohne das Transzendentale derselben aus dem Blickpunkt zu verlieren.

In der äußersten Konsequenz ist das Verhältnis zwischen Sprache und Denken Thema der vorliegenden Arbeit, denn dieses ist die eigentliche Grundlage von Safranskis Beschäftigung mit der deutschen Romantik. Nicht das Nationale – Deutschland gab es noch nicht – sondern das Sprachliche bietet den Hintergrund für ein immanent deutsches Kulturverständnis. Die Romantik *als* **deutsche** Geistesströmung ist in der Essenz genauso deutsch wie die deutsche Klassik: sie ist in der deutschen Sprache geschrieben. Trotzdem unterscheidet sie sich offenbar (wenn man Safranski Glauben schenken will) von der anderssprachigen Romantik.

Was besagt dies genau?

Referierend an den Titel dieser Arbeit will ich nochmals deren Hauptfragestellung herausstellen: Was ist `deutsch' an der Romantik und wie ist dieses geistesgeschichtlich – im Sinne Herders als *Volksgeist* – einzustufen? Und was ist in der Wirkungsgeschichte im modernen Kulturverständnis noch von den romantischen Idealen übrig geblieben?

---

[1] Hierbei muss festgehalten werden, dass die Beschäftigung mit der Romantik in der ehemaligen DDR im Ansatz eher systemkritisch war. Bei den Nazis war dies keineswegs der Fall.

1.0 Der Wendepunkt: die Französische Revolution und die ästhetische Erziehung; Kritik am Rationalismus und Glaube an die Kontingenz

In seinem Versuch, die Romantik als eine deutsche Affäre zu deuten, stellt Safranski Geistesgeschichte gerne als Produkt historischer Ereignisse dar. So befasst er sich im dritten Kapitel mit dem Entstehen des deutschen `Bildungsbürgertums', dem ein enormer Anstieg von Publikationen und eine Zunahme von Rezipienten zugrundeliegt. An die politischen Wirren der Französischen Revolution anknüpfend, zentriert sich in diesem Kapitel alles um die Frage, welche Auswirkung dieses Ereignis auf das `deutsche Gemüt' gehabt hat. Anders als in den meisten umringenden Ländern gen Westen des deutschen Sprachgebiets, die durch ihre Kolonien einen direkten Zugang zu fremden Kulturen hatten, konnte man in Deutschland nur ersatzweise, über die Literatur, fremde Welten betreten.

Was Friedrich von Schiller in seiner Geisteserziehung vor Augen schwebte, war durch den großen Einfluss der Literatur schon ein bisschen zur Wirklichkeit geworden: der Anreiz dichterischer Werke sollte sich in Verhaltensweisen im alltäglichen Leben übersetzen, die Literatur war in großem Maße ein Spiegel des eigenen Lebens. In Deutschland kommt eine *Revolution der Innerlichkeit* zum Tragen, eine Geisteshaltung des Widerstands gegen bestehende Ausdrucksformen und gesellschaftliche Zustände. Sehr wichtig ist dabei die Beobachtung, dass die Faszination für das Außerordentliche im Grunde auf die rahmensprengende Kraft der Phantasie gegründet ist, wobei aber gerade das Alltägliche als Ausgangspunkt für diese Grenzüberschreitung des Normalen dient. Es war Sache, `das Leben zu literarisieren' (RedA, S. 52). Als Motto galt, das Gewöhnliche außergewöhnlich erscheinen zu lassen, oder in den Worten Tiecks: `Das wunderbare Utopien liegt oft dicht vor unsern Füßen, aber wir sehen mit unsern Teleskopen darüber hinweg' (ebd.). Das erträumte Utopia ist in dieser Sichtweise immer schon da, aber kann von uns, weil wir einer (natur)wissenschaftlichen Weltanschauung unterliegen, nicht gesehen werden.

Safranski beschreibt diese Hinwendung zur Innerlichkeit als eine direkte Folge der Französischen Revolution, deren aufklärerischen Ideale in den Folgeerscheinungen im Keime erstickt schienen. Die Überbewertung des Vernunftdenkens habe die Schattenseite der menschlichen Natur außer Betracht gelassen[2], und überdies werde auch der blinde Fortschrittsglaube der Aufklärer bemängelt. Anders als in der rationalistischen Weltauffassung, die idealtypische Züge aufwies, sollte ein Freiraum für `die Wundermacht des Schicksals' (ebd., 54) entstehen. Das Schicksal des Menschen war aus der Sicht der Romantiker nicht ein erklärbares, abzuleitendes Geschick von Folge und Wirkung, sondern ein Mysterium; das Menschenleben sei von unfassbaren, unbewussten Trieben bestimmt und in geheimnisvollen Begegnungen mit anderen Menschen trete eine ungeahnte Welt hinter der wirklichen zutage. Johann Gottfried Herder formuliert die Frage nach dieser ‚Hinterwelt' so:

---

[2] Diese ‘Schattenseite' konnte jedoch bislang größtenteils im ungreifbaren, religiösen Erleben kompensiert werden.

„Gibt's einen Faden der Entwicklung menschlicher Kräfte durch alle Jahrhunderte und Umwandlungen in der Hand des Schicksals, und kann ihn ein menschliches Auge bemerken – welches ist er?" (ebd., 57)

In dieser Frage ist noch der herkömmliche Rationalismus der Aufklärung enthalten, aber um die Jahrhundertwende findet ein Wandel statt: es gilt nicht mehr, das Geheimnisvolle zu enträtseln, sondern es wird selbst zum Motiv der Darstellung.

1.1 Das Subjektive und die Herausbildung einer Universalpoesie; der deutsche Einfallsreichtum und Tiefsinn

In diesem geistesgeschichtlichen Rahmen findet eine andere Revolution als in Frankreich statt: mit der Postulierung eines *absoluten Ichs* bei Friedrich von Schelling bekommt das Subjektive einen radikalen Charakter. Das ganze Leben soll mit Poesie durchsetzt werden, wie das folgende Fragment von Friedrich Schlegel ersehen lässt:

„Die romantische Poesie ist eine progressive Universalpoesie. Ihre Bestimmung ist nicht bloß, alle getrennten Gattungen der Poesie wieder zu vereinigen, und die Poesie mit der Philosophie und Rhetorik in Berührung zu setzen. Sie will und soll auch Poesie und Prosa, Genialität und Kritik, Kunstpoesie und Naturpoesie bald mischen, bald verschmelzen, die Poesie lebendig und gesellig und das Leben und die Gesellschaft poetisch machen..." (ebd., 59)

Der hier geforderte Universalismus ist in Safranskis Schilderung ein Versuch, das Gefühl der Ganzheit, das in der modernen Arbeitswelt verschwunden ist, wiederherzustellen. So gibt er diesem Fragment vor allem eine politische Deutung, in der der *schöpferische Geist* das Gegenstück zu der geisttötenden Disposition der modernen Gesellschaft bilde. Anders als in Groß-Britannien und Frankreich, sei die deutsche Innerlichkeit im wesentlichen durch politische Ohnmacht zum Tragen gekommen, eine Sichtweise, die man auch in gängigen literaturgeschichtlichen Darstellungen findet. Dass aller Reformwillen jedoch letztendlich folgenlos blieb, lag laut Safranski in der Natur der Sache:

„Überhaupt ist es erstaunlich, dass in einem Land, das territorial zersplittert und gesellschaftlich zurückgeblieben war, in dem es keine große Politik und nur eine eingeschränkte Öffentlichkeit gab, ein solcher himmelsstürmender, selbstbewusster Individualismus aufkommen konnte." (ebd., S.82)

Was hier als scheinbarer Gegensatz dargestellt wird, kann gerade aus dem Widerspruch heraus erklärt werden: dort wo es fehlt an reellen Möglichkeiten, politisch zu wirken, muss der Widerstand erst `im kleinen' erprobt werden, sei es bloß in literarischer Form. Mit einem zweiten Argument erlaubt sich Safranski einen Vergleich mit den anderen europäischen Ländern, denn, so meint er, die Deutschen seien mit mehr `spekulativem und imaginativem Talent' (ebd,. S. 82) ausgestattet gewesen als die konformistischen Franzosen und die bieder-pragmatischen Engländer.

Desweiteren argumentiert Safranski, dass das deutsche intellektuelle Gemüt von einem Mut zum Tiefsinn geprägt sei (ebd., S. 83), einer Meinung, der ich mich als Deutscher gerne anschließe. Leider vergisst Safranski, für diese mutige These den Beweis zu erbringen. Der Hang zum Intellektualismus mag zwar deutsch sein, aber das besagt keineswegs etwas über Tiefsinn oder eine `deutsche Natur'. Es lässt, so meine ich, eher Rückschlüsse auf den gesellschaftlichen Kontext zu, in dem bestimmte Verhaltensweisen erfordert sind oder nicht. Derselbe ‚Tiefsinn' kann ohne weiteres auch wieder als Folge der Resignation ausgelegt werden, die entsteht, wenn politisches Handeln unmöglich erscheint. Dann ist `Tiefsinn' dasselbe wie Innerlichkeit. Was letztlich bleibt, ist der Rückzug ins Innere.

Friedrich Nietzsche hat in dem 8. Kapitel von *Jenseits von Gut und Böse* (1886) den vermeintlichen deutschen Tiefsinn wie folgt bemängelt:

„Es gab eine Zeit, wo man gewohnt war, die Deutschen mit Auszeichnung ‚tief' zu nennen: jetzt, wo der erfolgreichste Typus des neuen Deutschtums nach ganz anderen Ehren geizt und an Allem, was Tiefe hat, vielleicht die Schneidigkeit vermisst, ist der Zweifel beinahe zeitgemäß und patriotisch, ob man sich ehemals mit jenem Lobe nicht betrogen hat: genug, ob die deutsche Tiefe nicht im Grunde etwas Anderes und Schlimmeres ist – und Etwas, das man, Gott sei Dank, mit Erfolg loszuwerden im Begriff steht." (JvGuB, S.176ff)

Nietzsches Kritik wird hauptsächlich von dem Gedanken getragen, dass der deutsche Tiefsinn im Grunde auf Entschlusslosigkeit basiert, einer Grundhaltung, die er an derselben Stelle als `Widerspruchs-Natur' definiert. Eine Widerspruchs-Natur, die Hegel in System gebracht und Wagner in Musik gesetzt habe.

1.2 Ein Mangel an nationalem Bewusstsein; der deutsche Idealismus als Suche nach neuen Formen der Transzendenz

Was bei einem fehlenden deutsch-nationalen Bewusstsein im 19. Jahrhundert übrig bleibt, ist die phantasievolle (sprich: idealisierte) Wiederbelebung alter bürgerlicher Tugenden, eine `deutsche Renaissance' (ebd., S.98). Vor allem Ludwig Tieck, Wilhelm Wackenroder und Novalis benutzen die deutschen Lande und die Vergangenheit als Projektionsfläche für ihren Versuch, das Leben zu romantisieren.[3]

Die der Romantik zugrundeliegende Weltanschauung ist der deutsche Idealismus, der in vielerlei Formen in der romantischen Literatur zum Ausdruck kommt. Im siebten Kapitel seiner Studie erklärt Safranski die deutsche Romantik – sowohl ihre Literatur als ihren religiösen Pietismus - zu einer ästhetischen Projektion einer besseren Welt. Es ist das Aufbegehren gegen einen Dualismus, der auf Immanuel Kant zurückzuführen ist:

„Kants Methode, der äußeren Naturerkenntnis die Erfahrung der moralischen Freiheit als inneres Metaphysicum gegenüberzustellen, genügt ihm (Novalis, der Verf.) nicht. In diesem Konzept bleibt es bei einem Dualismus zwischen bloß subjektivem Geist und objektivem Materialismus. Der deutsche Idealismus ist überhaupt der Versuch, diesen Dualismus zu überwinden, und die Romantiker geben diesen Versuchen noch einen besonderen Akzent. Die einen betonen das Sittliche (Schiller, Fichte, Hegel), die anderen, Romantiker wie Novalis und Schlegel, das Ästhetische." (RedA, S.130)

Beide Ansätze verfolgen jedoch dasselbe Ziel: es geht nebst anderen Sachen[4] um die Emanzipation des deutschen Bildungsbürgertums. Diese Emanzipation wird als eine *innere* Befreiung empfunden und gipfelt in dem religiös-ästhetischen Verlangen, die schöpferische Freiheit `bis zur Selbstvergöttlichung' zu entfalten (ebd., S.135). So liest sich die Geschichte der deutschen Romantik hauptsächlich als eine bisweilen tragische Kehrseite von der realen Handlungsunfähigkeit im politischen Bereich. Die angestrebte Freiheit des Bürgertums wird idealisiert, ästhetisiert und ins Irreale verlegt.

---

[3] Novalis will mit seinem Werk *Heinrich von Ofterdingen* den Deutschen ihren eigenen "romantischen Mythos" dichten (RedA, S.111). Dies kann wiederum als mangelndes Selbstbewusstsein einer zerspaltenen Nation gedeutet werden.
[4] Safranski sieht den deutschen Idealismus auch als Reaktion auf die Entzauberung der Welt in der modernen Gesellschaft.

Die Schranken, die Kant einst gesetzt hatte, hatten zu einer Entmythologisierung des Sublimen geführt: es war in Kants Konzept zum Ungreifbaren, Unvorstellbaren, zur Grenzerfahrung herabgestuft, da wo der Mensch nicht imstande ist, das Unendliche mit den Sinnen zu erfassen. Diese Spannung beinhaltet für die Romantiker gerade ein positives Erlebnis, weil die nicht auflösbare Spannung die Sehnsucht nach Aufhebung derselben verursacht. Das Tragische des Vernunftmenschen wird in dem fatalistischen Verlangen nach dem Unendlichen letztendlich aufgehoben.[5]

Nun ist nicht so sehr die Sprengung der von Kant beschriebenen Antinomie ein Verdienst der deutschen Dichter, aber die Ausarbeitung der von ihm aufgeführten Schranken der menschlichen Vorstellungskraft im deutschen Idealismus sind gleichwohl ein deutsches Phänomen. Es gab keine andere Nation (im außerstaatlichen Sinne), die die Romantik als grenzüberschreitende Strömung so konsequent gleichermaßen auf philosophischer Ebene begründete. Der Wille, das Leben zu ästhetisieren, sorgt nicht nur dafür, dass die Erfahrung der Vernunft enthoben ist, sondern misst ebenso der Sprache eine besondere Bedeutung zu. Sie wird zum Mittel der Transzendenz, und dies nicht im Kantschen Sinne. Obwohl Safranski diese beiden Punkte nirgends explizit nennt, sind diese seiner Darstellung zu entnehmen. Im nächsten Kapitel werde ich mich insbesondere noch mit dem letzten Punkt beschäftigen.

1.3 Die organische Gesellschaft, die nach Freiheit strebt

Der deutsche Idealismus wurde im wesentlichen von Hegel bestimmt; Safranski referiert an ein Textfragment, das jenem zugeschrieben wird, und ʻdas älteste Systemprogramm des deutschen Idealismusʻ enthält (ebd., S.153). Programmatisch ist im Jahre 1797 die Forderung nach einer ʻMythologie der Vernunftʻ:

(…) – das Vernünftige an dieser Mythologie sollte im identitätsphilosophischen Ansatz liegen, also in der Annahme, dass in Gesellschaft und Natur dieselbe Vernunft waltet wie im menschlichen Geist. Da aber die subjektive Vernunft ein Merkmal der Freiheit ist, so wird der Gesamtprozess, in den der Mensch verwickelt ist, freiheitsanalog verstanden. (…). Das Dokument, von dem man heute in der Regel großes Aufhebens macht, ist nicht viel mehr als ein volkspädagogisches Projekt. (…). Eine selbstbewusste, starke Öffentlichkeit muss erst geschaffen werden, (…). (ebd., S.153ff)

---

[5] Vgl. hierzu Jos de Muls Essay *Het sublieme verlangen* (zu finden im Internet ohne Vermerk des Entstehungsdatums). Bei Kant hat das Sublime Bezug auf die Natur, währenddessen die Romantiker diesen Ausdruck in voller Breite anwenden, damit insbesondere auf die Kunst (also das gesamte Leben!) abzielend.

Neben der Feststellung, dass hier eine organische Weltanschauung anstelle des gängigen mechanistischen Weltbilds zutage tritt, ist ebenso eine Identitätsbildung im deutschen Sprachraum anvisiert. Wenn die Freiheit beim Individuum anfängt, kann – oder muss sie – später genauso in der Gesellschaft zu verwirklichen sein. So wie bei Fichte, der das Ich und dessen Tatkraft zum `großen Ich des Volkes' stilisiert (ebd., S. 178). In diesem Sinne ist die Romantik in der Tat eine deutsche Affäre.

1.4 Patriotismus und romantische Verklärung; Gleichförmigkeit statt Eigensinn

Eine Figur innerhalb der sogenannten Heidelberger Romantik oder Hochromantik ist Joseph Görres, ein Autor, der die Mythen aus asiatischen Ländern sammelt und herausgibt. Anders als die Programmphilosophen des deutschen Idealismus siedelt er ein besseres Verständnis der eigenen Kultur nicht in der Zukunft an, sondern in der Vergangenheit; ähnlich wie Herder versucht er dasjenige herauszukristallisieren, was die nationale Identität ausmacht. Im Übergang vom Mythos zur Kultur entständen kulturelle Vielfalt und Eigensinn (ebd., S.159). So ergibt sich in den Jahren des Widerstands gegen Napoleon in Deutschland (zwischen 1806 und 1815) ein Bewusstsein für Vergangenes und Zukünftiges, viel – in den Augen der radikalen Systemkritiker *unpolitische* – Dichter und Denker wie Goethe und Hegel werden nicht mehr als zeitgemäß eingestuft und sind als Systemapologeten verschrien.

Der Hass auf die französische Besatzungsmacht führte unter einigen Romantikern zu Patriotismus und Deutschtümelei (wie bei Fichte in seinen *Reden an die deutsche Nation*, 1808). Andere dahingegen, wie Schiller und Novalis, glauben heilig an eine deutsche Kulturnation, die anderen Ländern zum Leitbild werden könne. Langsam wird der anfängliche ästhetische Anspruch auf Freiheit in eine politische Haltung umgesetzt, der Krieg gegen Napoleon führte zu einer Politisierung der Gesellschaft. In den Worten Safranskis:

„Der Horizont verengt sich. Der verspielte freie Geist, der mit der Leidenschaft für das Unendliche über jede Grenze hinausging, beginnt die Transzendenz in die politische Sphäre zu ziehen; zuerst vorsichtig bei Novalis, der überirdisch-irdischen Schutz bei der Kirche sucht, dann robuster (…) bei anderen, die, wie Fichte, sich auf Volk, Vaterland und Staat fixieren." (ebd., S.178)

Safranski beschreibt die Hinwendung zum Nationalen, zum Identitätsstiftenden als eine romantische Verklärung in Zeiten größter politischer Instabilität. Die Geschichte Deutschlands ist für ihn der Auslöser für nationalistische Tendenzen. Die Idee der von Schiller angestrebten Kulturnation verfehlte ihre Breitenwirkung und volkstümliche Elemente bekamen in der Romantik allmählich Überhand. Die einstmals geforderte geistige Revolution wurde von der realen Geschichte und deren Anforderungen um die Jahrhundertwende eingeholt. Die deutsche Hochromantik ist ein Sammelbecken für die sogenannte *Volkspoesie*, die eine mythologische Untermauerung für `das Deutsche' liefern:

„Das ist die Stunde der politischen Romantik. Die Arbeit am deutschen Identitätsbewusstsein mit der Beschwörung der Volksgeister und der germanischen Mythologie, die Sammlung der Volkspoesie, die nationalen Erziehungsvisionen Fichtes – das alles kann jetzt zusammenströmen und eine öffentliche Stimmung schaffen, die auf aktive Teilnahme der nationalen und patriotischen Kräfte drängt. Auf deutschen Boden ereignet sich (...) die Geburt der politischen Propaganda." (ebd., S.185)

Während die einen nach einem nationalen Bewusstsein drängen, setzen die anderen noch immer auf Transzendenz im Außerpolitischen (u.a. E.T.A. Hoffmann). Diese kritischen Romantiker widersetzen sich dem allgemeinen Nützlichkeitsdenken, das auf Breitenwirkung statt individuelle Entfaltung setzt. Im zehnten Kapitel beschreibt Safranski die Folgen des wachsenden *Philistertums*. Die erstrebte Transzendenz der bürgerlichen Realität konnte nicht eingelöst werden, das *Völkische* bietet einen Nährboden für eine gesicherte deutsche Identität, die der Berechenbarkeit verschrieben ist. Infolgedessen wurde die `historisch gewachsene *Eigentümlichkeit*' zu einer stetig anwachsenden `*Gleichförmigkeit*' (ebd., S. 201). Die transzendentale Mystik der `traditionellen' Romantiker ist eine letzte Anstrengung, dem Geist des modernen Nihilismus zu entkommen. Die in der Aufklärung herausgeforderte weltbestimmende Vernunft fand in der Monotonie und der Langeweile des gesellschaftlichen Alltags ihre Schattenseite.

1.5 Radikalisierung der `politischen` Romantik

Der letzte Exponent jener `traditionellen` Romantik, die nicht einer identitätsbildenden Deutschtümelei erlegen war, war Joseph von Eichendorff. Sowohl in seiner Poesie als in seiner Prosa stellt er der beständigen Rationalität der Aufklärung ein Lobgesang auf das Momentane, das Flüchtige und Zufällige entgegen. Obwohl nach 1820 die Romantik als *literarische* Strömung in Deutschland keine entscheidende Rolle mehr spielte, hatte sie noch eine nicht zu übersehende Nachwirkung. Das galt insbesondere für die Musik und die Malerei. Aber auch in der Philosophie war die Wirkungsgeschichte groß. Hegel hatte noch eine Rechnung zu begleichen: wo er einerseits mit der Erforschung des Weltgeists die Universalität des menschlichen Schicksals herausstellte, so warnte er eindringlich vor der Gefühlsduselei der Romantiker (vgl. RedA, S.235ff). Nicht das Individuum hat maßgeblichen Einfluss auf die Geschichte, sondern ein abstrahierter `Weltgeist`. Hegels Begeisterung für die Französische Revolution und Napoleon war weiterhin ungebrochen.

Der schon mit der französischen Vorherrschaft verbundene Deutsch-Patriotismus und politische Aktionismus bekam in den 30er und 40er Jahren des 19. Jahrhunderts neuen Auftrieb. Aber anders als bei manchen Romantikern war der Apell nicht so sehr auf die Herausbildung einer nationalen Identität gerichtet, sondern auf die konkrete Verbesserung der bürgerlichen[6] Verhältnisse. Hegels Weltgeist wird von Marx konkretisiert und materialisiert. Die ästhetische Revolution hat sich in eine wirkliche Revolution (erst noch in Gedanken) verwandelt. Das der Romantik inhärente Geschichtsbewusstsein hatte sich zur politischen Erhebung entwickelt.[7] Alle träumerischen Tendenzen wurden dabei ausgemerzt. Ein gutes Beispiel dafür ist Heinrich Heine, der eine sublimierende, vergangenheitsbetonte Romantik ablehnt und stattdessen eine gesellschaftskritische, realitätsbezogene Romantik bevorzugt.[8] Obwohl Safranski diese Umwandlungen innerhalb der Romantik in seine Analyse einbezieht, bleibt unklar, weshalb die Radikalisierung der Romantik eine *deutsche* Affäre sei. Leider lässt er uns diesbezüglich im Trüben fischen. Erst in seiner Schilderung der Wilhelminischen Ära finden sich Ansätze, mit denen man diesen Radikalisierungsschub auf ein deutsches Gemüt zurückführen könnte.

---

[6] Bei Karl Marx ist das Wort 'bürgerlich' eher schlecht gewählt. Ich meine damit nicht das konservative Philistertum, das in der Konnotation des Wortes mit eingeschlossen ist.
[7] Oder um es in den Worten Lenins zu sagen: es gehe darum, eine *stählerne Romantik* zu entwickeln (ebd., S.249).
[8] Obwohl Heine sich andererseits einem pragmatischen Nützlichkeitsdenken in der Literatur widersetzt; ironisch (wie immer) wird die Poesie zur *Nebensache* erklärt (ebd., S.255).

1.6 Neue Formen des romantischen Ausdrucks: Wagners Gesamtkunstwerk und Nietzsche als Verteidiger des Mythischen

Dem Bestreben Richard Wagners, mittels seines Gesamtkunstwerkes den Deutschen ihre eigene (erfundene) Mythologie zu schenken, widmet Safranski ein ganzes Kapitel (13). Wagners' eigensinniges Kunstverständnis wird dabei romantisch gedeutet – vor allem dessen Abneigung gegen die kommerziellen Ansprüche der Moderne, die eine ästhetische Gleichförmigkeit herausfordere –, sowie die Prägung eines neuen Kulturbegriffs: Bei der Premiere von *Tristan und Isolde* sei alles so wirkungsvoll in Szene gesetzt, dass man `auch außerhalb Deutschlands zu begreifen beginnt, was es mit der deutschen Romantik auf sich hat' (ebd., S. 273). Worauf Safranski hier abzielt, lässt sich nur raten: das Ausmaß des *Gesamtkunstwerks* ist wahrlich grenzüberschreitend und Romantik im großen Stil. Anvisiert ist ein neuer Menschentypus, der lernt, sich auf eigene Beine zu stellen und dabei die Tragik des Seins inkorporiert:

„Die Décadence und das Fin de siècle, ob in Paris, Wien oder München, fanden in Wagner ihren Kosmos der umgestülpten Welt wieder, wo die Krankheit über die Gesundheit, der Tod über das Leben, Künstlichkeit über Natürlichkeit, Nutzlosigkeit über den Nutzen und Hingabe über vernünftige Selbstbehauptung triumphierten. Hier sah man die Welt wieder ins Geheimnis gehüllt, es zeigte sich das Dämonische und das Dionysische, und man hörte die schmelzende Klage über die Ausnüchterung des bürgerlichen Zeitalters." (ebd., S.273f)

Aber die Rolle des Künstlers hatte sich geändert: Wagner versteht nicht nur, ein Gesamtkunstwerk zu inszenieren, er ist auch ein Meister der Selbstinszenierung. Als sich herausstellte, dass sein ästhetisches Projekt die Gesellschaft nicht verändern konnte, und sein Werk quasi zur Ersatzreligion für das bürgerliche `Gesindel' wurde (so Nietzsche), hatte er sich schon selbst zum Mythos erhoben.

Bei Nietzsche ist die Begeisterung für die Romantik ambivalent: er empfindet die christlich verklärte Romantik, die das Tragische über das Göttliche aussöhnt, als widernatürlich, kann jedoch den mythischen Aspekt derselben durchaus würdigen. Es darf in seiner Weltanschauung keine übersinnliche Verschmelzung der `Welten' stattfinden; nicht Gott ist gestorben, sondern die Metaphysik als Schutz gegen das bedrohte Dasein. Ein anderer Aspekt, der Aufmerksamkeit verdient, ist Nietzsches Sorge um die Sprache: durch das Massenzeitalter und die Vernetzung der gesellschaftlichen Kommunikation sei die Sprache ideologisiert worden und drohe eine geistige Verflachung (vgl. ebd., S. 277f). Da wo Herder einst noch um die Genesis von Sprache und `Volksgeist' bemüht war, sieht Nietzsche eine Entwicklung in der Sprache, bei der das Mythische und Undurchdringliche an Bedeutung einbüßt. Man glaubt in dem 19. Jahrhundert die Sprache – wie das Leben – instrumentalisieren zu können.

1.7   Die Wilhelminische Ära: Nominalismus und Militarismus

Bei der Besprechung von Hugo von Hoffmansthal erinnert Safranski erstmals an die Tradition des mittelalterlichen Nominalismus, in der die Zersetzung von Wortbedeutungen eine zentrale Rolle spielt. Diesen Ansatz werde ich im nächsten Kapitel besprechen, wenn ich mich mit Herder befasse. Jedenfalls war die Sprache im deutschen Kaiserreich bis aufs äußerste zum Machtinstrument geworden, wobei die literarischen Strömungen, die der Romantik verhaftet waren, sich einschlägigen Festlegungen widersetzten. Genauso wie am Anfang seines Buches, wo Safranski die Ähnlichkeit mit dem *Sturm und Drang* betont, wird das Romantische hier mit sprachlicher, aber auch politischer Entgrenzung gleichgestellt: es atmet den Geist des Widerstands und ist auch in anderen literarischen Epochen eher Grundton einer *Geisteshaltung*. Insofern kann man die Romantik nicht als zeitlich begrenztes literarisches Phänomen verstehen. Es ist im positiven Sinne ein Protest gegen Eindeutigkeit und Simplifizierungsdrang.

Im negativen Sinne dient die Romantik jedoch nur einer biederen Bürgermannsmoral: die der Unterwürfigkeit und der auf die Richtigkeit seiner eigenen Werte beharrenden Selbstbehauptung. Safranski stellt diese falsch verstandene Romantik als einen Zauber in einer entzauberten Welt dar, ohne ihn als solchen (als Zauber) zu erkennen (vgl. ebd., S.319). Er spricht an dieser Stelle von einem Bürgertum, das `geträumt hatte, statt vernünftig zu handeln'. Der Militarismus hatte sich bis in alle Schichten der Bevölkerung durchgesetzt, man erstrebte eine Weltmachtgeltung und Kaiser Wilhelms Bestreben, die deutsche Marine auf Vordermann zu bringen, sei `ein symbolträchtiges Unternehmen, ein Ventil für frustrierte Machtträume von Bürgern, die sonst von der politischen Macht ferngehalten wurden' (ebd., S. 318).

1.8 Eine Zwischenbilanz; der deutsche Provinzialismus und die damit einhergehende Weltabgewandtheit

Da eine weitere Ausführung den Rahmen dieser Arbeit sprengen würde und meines Erachtens nicht notwendig ist[9], werde ich an dieser Stelle noch einmal Safranskis Argumente aufzählen. Was ist das Deutsche an der deutschen Romantik?

In erster Instanz sollte um 1800 eine Transzendenz bewirkt werden, die sich nicht an der Vernunft orientierte, die sich aber – abhängig von den historischen Ereignissen – in ästhetische, politische oder gar revolutionäre Tendenzen niederschlug. Anders als in den Literaturen anderer europäischer Länder war die deutsche Romantik auch in der Philosophie begründet (der deutsche Idealismus).[10] Ausläufer hiervon waren das Bildungsbürgertum, die Sehnsucht nach einem spezifisch deutschen Mythos, die besondere Bedeutung des Völkischen und ein radikaler politischer Aktionismus. In Safranskis Darstellung demonstriert die romantische Bewegung immer eine Verschmelzung von Kultur und Politik. Dies knüpft an die Auffassung an, dass unterschwellig ein deutscher Minderwertigkeitskomplex in Bezug auf die eigene Identität den romantischen Formen Ausdruck verlieh. Die oben angeführte Transzendenz konnte anfangs wegen der politischen Ohnmacht nur im geistigen Bereich vollzogen werden, es blieb beim ästhetischen Spiel, während die Realität nach gesellschaftlichen Neuerungen drängte. Safranski verbindet dies mit Weltfremdheit:

„Die Weltfremdheit ist tatsächlich lange Zeit ein Kennzeichen des deutschen Geisteslebens gewesen. (…). Das geistige Leben Deutschlands war (…) tief geprägt von der politischen Zersplitterung, dem Fehlen großer urbaner Zentren, der Kleinformatigkeit des gesellschaftlichen Lebens. Es gab in Deutschland keine politische Nation, sondern zahlreiche kleine und mittelgroße Obrigkeitsstaaten und darin eingeschachtelt eine Mannigfaltigkeit von privaten Kleinwelten, Brutstätten für individuelle Charaktere, vom Sonderlingshaften bis zum Genialischen. Es musste einem schon die große Welt fehlen, dass man wie Werther ausrufen konnte: *Ich kehre in mich selbst zurück, und finde eine Welt!*" (ebd., S. 359)

Die deutsche Romantik basierte im Grunde auf der Sehnsucht nach einer deutschen Identität und konnte nur in dieser Form zum Tragen kommen. Nicht nur die Ablehnung eines alles bestimmenden Vernunftglaubens, wie in anderssprachigen Literaturen, sondern genauso das Ergründen des deutschen Wesens gehörte zum Inhalt dieser Literatur. Hiermit war im Laufe des 19. Und 20. Jahrhunderts immer mehr ein emanzipatorischer Anspruch verbunden.

---

[9] Auf die weitere Wirkungsgeschichte im 20. Jahrhundert ist schon im Vorwort verwiesen worden.
[10] Abgesehen von Jean-Jacques Rousseau, dessen idealisierter Naturzustand zu einem Vorläufer der romantischen Bewegung gehört.

2.0 Herder in der Darstellung Safranskis: die lebendige Vernunft, geschichtlich gedacht

Am Anfang von Safranskis Erörterung steht der Philosoph und Dichter Johann Gottfried Herder im Mittelpunkt, der 1769 Deutschland[11] verließ, um in fremden Ländern neue Welten zu entdecken: Laut Safranski wird `die Begegnung mit einer fremden Welt zur Selbstbegegnung' (REdA/18). Hier klingt schon ein erstes Motiv der frühromantischen Schule an, der es darum ging, sowohl staatliche Grenzen als geistige Barrieren zu durchbrechen. Was das letztere betrifft, widersetzt Herder sich vor allem der neuzeitlichen Vorherrschaft der Vernunft, die der schöpferischen Kraft des Geistes zuwiderlaufe, da sie nicht den Gesetzen der Kausalität unterliege. Die Form der dichterischen und philosophischen Aussage beruhe deshalb eher auf Metaphern als auf Begrifflichkeiten. Hier liegt auch der wichtigste Unterschied zu Immanuel Kant, dem einstigen Lehrer Herders. Herder richtet sich nicht nach vernunftgerechten Modellen, die Wirklichkeit zu beschreiben, sondern räumt schon im Voraus die Möglichkeit ein, dass nicht allein das rationelle Verständnis der Welt für eine ganzheitliche Erfassung derselben ausreiche. Herder richtet sich deshalb auf die `lebendige' statt auf die `abstrakte Vernunft' (ebd., 21).

Safranski sieht in dem Vorbild Herders die Grundlage für den späteren Geniekult des schöpferischen Geistes in dem Sturm und Drang und der Romantik. Die `lebendige Natur' sei jedoch auch mit Vorsicht zu genießen, denn sie umfasse gleichfalls `das Unheimliche, das einen bedroht' (ebd.23). Das Natürliche – hier buchstäblich aufzufassen! – äußert sich beim Menschen auf ambivalente Weise: erstens ist er in seiner Entwicklung selbst `Ausdruck' der Natur, also deren Exponent, andererseits ist er imstande, selbst zu schaffen, er ist zugleich Agens. An dieser Stelle folgert Safranski:

„Mit diesem Gedanken ist Herder der Vorläufer der modernen Anthropologie, mit dem Menschen als dem kulturschaffenden Mängelwesen" (ebd.23).

Kultur wird hier wegen einer mangelnden Intuition als Überlebensstrategie aufgefasst, die sich beim Menschen nur ansatzweise herausgebildet habe. So könnte man Herder zum geistigen Vater des Darwinismus erklären, weil er die Naturgeschichte und die typisch menschliche Überlebensstrategie zum Ausgangspunkt nimmt.[12] Folge des naturgeschichtlichen Denkens und der besonderen Rolle, die der Kultur zugeschrieben wird, ist der Gedanke, dass der Mensch sich erst dadurch realisieren könne, indem es ihm gelänge, sich der menschlichen Existenz zugrundeliegenden `Naturkraft' als schöpferischer Kraft bewusst zu werden. Hieraus lässt sich auch das sogenannte Bildungsideal ableiten, weil Herder Kultur zum Leitbild für die `Beförderung der Humanität' nimmt (ebd., 23).

---

[11] 'Deutschland' gab es noch nicht als staatliche Einheit, ich bediene mich einfachheitshalber dieses Namens.
[12] Herder ordnet die Tiere und Menschen unterschiedlichen Lebenssphären zu, vgl. JGH, S. 28ff.

Im Gegensatz zu Jean-Jacques Rousseau gibt es in der Kulturgeschichte, die immer auch Naturgeschichte ist, keinen idealen *Naturzustand*, da alle Epochen andere Fragen aufwerfen und andere Antworten erfordern. Trotzdem hat sich die Historizität, der Herder eine große Rolle beimisst, bis zu den Romantikern durchgeschlagen, obwohl diese die Geschichtlichkeit meines Erachtens manchmal eher so wie Rousseau gedeutet haben.[13] In der Deutung Herders waren die Realisierungsmöglichkeiten ein *experimentum mundi* (ebd., S.24), und nicht so sehr auf eine ideale Vergangenheit ausgerichtet. Herder vertritt keine lineare Geschichtsauffassung, sondern eine, in der Veränderungen einen chaotischen und schlicht unvorhersehbaren Verlauf haben. Die Historizität wird zum ersten Mal selbst zum *absolutum*, zum absoluten Maß von relativen geschichtlichen Begebenheiten (ebd., S.28). Das neue in diesem Denken ist revolutionär: die Dynamik der Geschichte ist als solche auch in den Menschen in den verschiedenen Epochen enthalten.

Ferner ist die Grundlage des Herderschen Gedankenguts eine radikale Hinwendung zum Individuum, das als tragende Gestalt die Geschichte mit beeinflusst. Der Mensch wird nie als abstrakter Begriff verstanden, er ist gleichwohl immer Teil eines Ganzen. Persönliche Erfahrungen können sich immer auch auf die Geschichte auswirken, *wenn* sie in mehreren Menschen zum Tragen kommen. Die jeweiligen Gemeinschaften, denen wir angehören, sind `konzentrische Kreise' und im nationalen Sinne spricht Herder von *Volksgeistern* (ebd., 26). Um die andersartigen `Volksgeister' zu beschreiben und kennenzulernen, hat Herder ohne jeglichen Patriotismus Geschichten aus anderen Kulturen und dem deutschsprachigen Kulturgebiet gesammelt. Auch hier liegt der Vergleich mit der modernen Anthropologie, sprich dem sogenannten Kulturrelativismus, nahe.

---

[13] Im deutschen nennt man diese Idealisierung 'romantische Verklärung'.

2.1 Zur sprachlichen Transzendenz bei Herder

In den nächsten 3 Paragraphen habe ich zum Vergleich mit Safranskis Darstellung die Einführung zu Herder von Jens Heise in meiner Analyse verarbeitet. Er schenkt vor allem der Sprache und deren Funktion in der Welterfassung Aufmerksamkeit; ein zweites Verdienst seiner Ausführung ist die Betonung der Sinnlichkeit in Herders Konzept des Menschen.

Die in Kants *Logik* [14] aufgeworfene Frage ‚Was ist der Mensch?' wird von Herder aufgegriffen, aber vor allem *dynamisch* interpretiert. Man könnte es gleichfalls so formulieren: was ist der Mensch geworden und was wird der Mensch? Bei Kant ist die Vernunft an eherne (zeitlose) Kategorien gebunden, wohingegen Herder sich dem Sprachlichen zuwendet und somit das historische Bewusstsein (als *empfundenes* Dasein) in seine Analyse einbezieht. Dass er dabei trotzdem dem einstigen Lehrer und dessen Vernunftdenken verhaftet bleibt, zeigt das folgende Fragment:

„(...) eine reine Vernunft ohne Sprache ist auf Erden ein utopisches Land. Mit den Leidenschaften des Herzens, mit allen Neigungen der Gesellschaft ist es nicht anders. Nur die Sprache hat den Menschen menschlich gemacht, indem sie die ungeheure Flut seiner Affekten in Dämme einschloss und ihr durch Worte vernünftige Denkmale setzte." (JGH, S.8)

Nicht allein überzeitliche *Formen der Anschauung* prägen demnach unser Weltverständnis, sondern die Sprache wird selbst *als Welt* verstanden. Kants Transzendentalphilosophie habe sich dieser Einsicht verschlossen und von `Erfahrung, Geschichte – und vor allem von der Sprache abgekoppelt' (JGH, S.9). Sowohl Hamann als Herder kritisieren Kants Vernunftpurismus. Die Konsequenz dieser Kritik ist weitreichend und wird bestimmend für die deutsche Romantik: die Kontingenz des sprachlichen Erlebens führt zu einem pluralistischen Weltverständnis, das eine objektive Erfahrung der Welt ausschließt.[15] Die `Welt' ist immer schon in mir, aber nicht willkürlich übertragbar auf andere Menschen.[16] Wo Kant bei der *Anschauung* als entscheidendem Kriterium ansetzt, erklärt Herder die *Empfindung* zur Chefsache.

Jens Heise (JGH, 1998) weist darauf hin, dass Herders Ansatz der rationalistischen Auffassung von einer – von Affekten gereinigten – Universalsprache von vor allem Descartes zuwiderlaufe. Die *mathesis universalis* ist nicht übertragbar auf das Sprachliche. Darum entspräche Herders Sprach- und Weltverständnis eher dem empiristischen Nominalismus, der `einen subjektiven Faktor ins Spiel' bringt (JGH, S. 14). Lange vor dem sogenannten *linguistic turn* wird von Herder auf das konstituierende Element in der Sprache, im vorsprachlichen Bereich, verwiesen. Nicht die einzelnen Wörter konstituieren Bedeutung, sondern deren Einbettung in ein immer schon mitgedachtes Zeichensystem. Bedeutung von

---

[14] Von Gottlob Benjamin Jäsche nach Vorlesungsskripten und Notizen erstellt (1800).
[15] Auch Kant schloss eine objektive Welterfassung aus, das "Ding an sich" sei in seinem Wesen nicht erfassbar.
[16] Hieraus lassen sich die späteren Ansätze des Kulturrelativismus ableiten.

Sprache und Welt folgt also aus einer Wechselbeziehung. Voraussetzung ist die *Historizität* sowohl der äußeren als auch der inneren Welt. Im Gegensatz zu Kant ist eine Transzendenz (bei Herder über die Sprache) sowieso unmöglich: Sprachen können nie ein universales Weltverständnis vermitteln.[17]

Aber wenn man `Transzendenz' nicht ausschließlich apriorisch versteht (wie Kant und Jens Heise), sondern in der Art Safranskis als Grenzüberschreitung in einem weiteren Sinne, dann ergibt sich ein anderes Bild: Das Kulturelle, versinnbildlicht in der eigenen Sprache, übersteigt jederzeit das Individuelle, aber ist dadurch gleichzeitig an die Grenzen des Kulturellen gebunden. Dann ist der Mensch ein *Mängelwesen* aus kulturellen Gründen, nicht weil unsere Vernunft Lücken aufweist. Eine zweite Möglichkeit der Transzendenz steckt in der Gleichstellung der verschiedenen Kulturen, eine Art kultureller Universalismus.

2.2 Sprache als `Schauplatz der Geschichte' (JGH, S. 16); die diachrone Entwicklung der Sprachen; das sinnliche Erfassen der Welt

Das bei Herder zutage geförderte Geschichtsbewusstsein hat der Linguistik einen enormen Impuls gegeben. Fortan galt es nicht allein, die einzelnen Sprachen synchron zu beschreiben, sondern auch diachron, um so ihre Entstehungsgeschichte darzustellen. Durchschlaggebend ist das organische Verhältnis von Individuum und Gesellschaft. Dies hat 2 Konsequenzen: erstens lässt sich damit die Vielfalt von Sprachen, Dialekten und Sprachunterschieden erklären und zweitens kann man mit der genetischen Sprachforschung das Selbstverständnis des Sprachbenutzers weitgehend (rück)verfolgen. Heise spricht in diesem Zusammenhang von dem `Lebensalter' einer Sprache: `Wie das Individuum hat auch die Sprache ein Lebensalter' (ebd., 16).

Man kann an dieser Stelle den von Dilthey im 19. Jahrhundert geprägten Begriff `Geistesgeschichte' schon an dem Herderschen Vorstellungen von Sprache und Kultur ablesen. Das was Martin Heidegger *Seinsgeschick* nennt, der jeweilige (historisch bedingte) Bedeutungsentzug und zugleich die Konstitution von Bedeutung, kommt in diesem Sprachverständnis zum Tragen. „Die Lebensgeschichte des Individuums und die Lebensgeschichte der Kultur bilden die gleiche Struktur und folgen dem gleichen Gesetz. Diese Konstruktion fordert den Historiker in seinen Einzelanalysen auf, das Leben des Individuums mit der Geschichte und dem Alter der Kultur, in dem es lebt, in Beziehung zu setzen."[18]

---

[17] Vgl. hierzu JGH, S. 35 und S.86f.
[18] Fritz Wefelmeyer, Glück und Aporie des Kulturtheoretikers. Zu Johann Gottfried Herder und seiner Konzeption der Kultur, in: Naturplan und Verfallskritik. Zu Begriff und Geschichte der Kultur, Frankfurt/M. 1984, S.95. In: JGH, S.16.

Obwohl Herder sich einer linearen Geschichtsschreibung widersetzt, lassen seine Analyse Rückschlüsse über Rationalisierungsschübe in Bezug auf die sprachliche Entwicklung zu. So schreibt er:

„In allen Staaten ist zu unserer Zeit die Prose die Sprache der Schriftsteller, und die Poesie eine Kunst, die die Natur der Sprache verschönert, um zu gefallen. Gegen die alten und die wilden Sprachen zu rechnen, sind die Mundarten Europens mehr für die Überlegung, als für die Sinne und die Einbildungskraft." (JGH, S.17)

Und anderenorts:

„Das männliche Alter der Sprache ist prosaisch: Der poetische Rhythmus wird zum Wohlklang der Prosa heruntergestimmt. (...) je mehr (man) die Inversionen abschaffet, je mehr bürgerliche und abstrakte Wörter eingeführt werden, je mehr Regeln eine Sprache erhält: desto vollkommener wird sie zwar, aber desto mehr verliert die wahre Poesie." (JGH, S.18)

Vielleicht nicht linear gedacht, aber auf jeden Fall ein Verweis auf die fortschreitende Rationalisierung eines Zeitalters, das durch die Aufklärung in Aufbruchsstimmung verkehrte, scheint in diesem Zitat schon das Programm der Romantiker vorbestimmt: diese sahen es nämlich als ihre Aufgabe, das Leben zu poetisieren und der Phantasie wieder Vorschub zu leisten. Obwohl Herder kein Rousseausches Urmythos schuf, kann seine Analyse als Rückbesinnung auf das Sinnliche ausgelegt werden. Hatte Kant die *Einbildungskraft* noch als energetische Quelle für die Wahrnehmung und Erkenntnis gedacht (eine *vorgestellte* Welt), so sieht Herder in ihr ein Mittel, die Wirklichkeit *sinnlich* zu erfassen. Die Sprache ist aus dieser Sicht kein Instrument zur Weltbestimmung, weil sie schon *in sich selbst* von einer keinesfalls eindeutigen Metaphorik überlagert ist. Die Sprache versperrt einerseits den direkten Zugang zur Welt, andererseits kann dies im sinnlichen Bereich auf eine bildlich-sinnliche Weise teils kompensiert werden. Diese Erfahrung ist nicht rationalisierbar, und kann am besten mit dem romantischen *Erlebnis* auf eine Stufe gestellt werden.

2.3   Herders anthropologische Ansätze; der Volksgeist als identitätsstiftender Faktor

Herder wehrt sich entschieden gegen alle moralischen Vernunftansprüche der Aufklärer. Kultur ist bei ihm begründet in der *Natur*, die wie schon ausgeführt, keinen beständigen Charakter hat. Zeit ist keine festgelegte Größe in einer reinen Form der Anschauung, sie und ihre – wechselnden – moralischen Ansprüche zu verstehen, kann nur vermittelst einer symbolischen Kodierung zustande gebracht werden: das Beziehungsgeflecht, das wir `Kultur' nennen. Diesem Gedanken liegt ein dynamischer, unstetiger Kulturbegriff zugrunde, in dem die Natur ständig Alterierungen unterworfen ist. Nicht auf Abstrakta hat Herder es abgesehen, sondern auf das Individuelle im organischen Gewebe des Ganzen.

Entgegen der Anforderungen des `Zeitgeists' ist Herder stark interessiert an der Physiologie des Menschen; der Körper wird nicht in solch radikaler Weise wie bei Descartes aus dem Bereich der Wahrnehmung ausgeschlossen. Wie schon ausgeführt, ist vor allem die *Empfindung* das zentrale Organ des Herderschen Weltverständnisses. Es ist aber keineswegs als diffuses Medium aufzufassen, sondern soll als `Kontext des Denkens' (JGH, S. 84) neue Bedeutung erhalten. Das hierdurch evozierte Menschbild ist die Wendung zu einem Ganzheitsideal, das den Idealen des späteren Humanismus entspricht: „Am Ende des Jahrhunderts entwickelt sich aus der ‚Anthropologie' die Lehre von der Bildung des ganzen Menschen, das Ideal der Humanität."[19]

Das oft herangeführte Bild des Herderschen *Volksgeists* kann in denselben Rahmen des Humanismus gestellt werden. Ich zitiere Beata Paškevica, die Herders Erforschung der Entstehungsbedingungen von nationalen Literaturen näher untersucht hat:

„Die Absicht (...) ist (...) bei Herder festzustellen, die sich rezeptionsgeschichtlich in zwei Interessenrichtungen von Herders Sammelintention teilt: die ‚nationale' (die Deutschen als kulturell gleichwertig den Franzosen und Briten darzustellen) und die ‚anthropologische' (Anteilnahme an den Leistungen anderer Völker, ob Kultur- oder Naturvölker). Beide Richtungen fließen ein in die so genannte ‚synthetische' Interessenrichtung, wo der nur im ersten Moment ins Auge stechende angebliche Gegensatz zwischen dem Nationalen und Allgemeinmenschlichen aufgehoben wird."[20]

In seiner Studie *Auch eine Philosophie der Geschichte zur Bildung der Menschheit* (1774) kritisiert Herder den wohl bedeutendsten deutschen Geschichtsschreiber des 18. Jahrhunderts Winckelmann deshalb, weil er die antiken Kunstwerke Ägyptens `nach griechischem Maßstabe' beurteilt hatte und es unterlassen habe, sie `nach eigener Natur und Art' zu veranschaulichen (AePdGdM, S. 18). Winckelmann vertrat ein idealisiertes klassizistisches Kunstverständnis.

2.4 Herder im Spiegel des 20. Jahrhunderts; Wertepluralismus

Der britische Philosoph Isaiah Berlin hat eine Fülle von Essays zu den geistesgeschichtlichen Richtungen verfasst, die grundlegend an der Bildung der europäische Nationalstaaten beteiligt waren. Einige Essays aus dem Bündel *The crooked timber of humanity* (1990) sind in der Basis dem Gedankenguts Herders gewidmet, andere beschreiben ausführlich die Konsequenzen des modernen Staats- und Kulturverständnisses.

---

[19] Ernst Platner, zit. nach: Hans-Jürgen Schings, Der ganze Mensch, a.a.O., S.1. In: JGH, S.84.
[20] Beata Paškevica, in: Vernunft-Freiheit-Humanität, Über Johann Gottfried Herder und einige seiner Zeitgenossen, Lumpeter und Lasel, Eutin 2008, S. 354.

Berlin wehrt sich gegen die übliche Zuschreibung der Herderschen organischen Kulturanalyse als Vorbote des Kulturrelativismus. Dieser wird von Berlin als Darstellungsweise verstanden, die einzelnen Kulturen *bezuglos* als rein subjektive, voneinander abgegrenzte Einheiten aufzufassen, die in keinem objektiven Bezug zueinander stünden. Dem Begriff Relativismus gelinge es nicht, das Verbindende, Allgemein-Menschliche zu erfassen, wobei neben den Unterschieden auch die Übereinstimmungen offenkundig werden. Er formuliert es so:

„'Ich bevorzuge Kaffe, du bevorzugst Champagner. Wir haben verschiedene Geschmäcker. Mehr kann man nicht dazu sagen'. Das ist Relativismus. Aber Herders Sichtweise und Vicos[21], ist anders: es ist, was ich mit Pluralismus umschreiben würde – das ist der Grundgedanke, dass es viele verschiedene Ziele gibt, denen Menschen nachstreben und die trotzdem vollkommen rationell sind, alles Menschen, die einander verstehen können, miteinander sympathisieren und in das andere Licht schauen, so wie wir durch die Lektüre Platons oder die Novellen des mittelalterlichen Japans einen anderen Lichtblick erhaschen – Welten, Aussichten, weit entfernt von unserem Licht." (Tctoh/ S.11)

Anstelle des Relativismus tritt also ein Wertepluralismus, der darauf angelegt ist, dass die Werte zwar einer anderen Quelle (den verschiedenen Kulturen) entspringen und auf ein anderes Ziel ausgerichtet sind, aber nicht anhand von einer rationell zu ergründenden Wahrheit bestätigt oder widerlegt werden könnten. Was bleibt, ist eine Verständigung über diese Wertevielfalt, der Rest sei althergebrachte Metaphysik. Genauso wie manchmal ein `Wertekampf' zwischen den verschiedenen *Kulturkreisen* stattfindet, muss auch das Individuum sich den eigenen Werten stellen, die nach Entscheidungen drängen. Angesprochen ist nicht das rationelle, visionäre Menschentum der Aufklärung, sondern der Mensch, dessen Bedürfnisse seiner jeweiligen Zeit und Kultur entsprechen. Herder selbst hatte diesen Gedanken schon eher aufgegriffen:

„Dass kein Volk lange geblieben und bleiben konnte, (…), dass jedes, (…) seine Periode des Wachstums, der Blüte und der Abnahme gehabt; dass jedwede dieser Veränderungen nur das Minimum von Zeit gedauert, was ihr auf dem Rade des menschlichen Schicksals gegeben werden konnte – dass endlich in der Welt keine zwei Augenblicke dieselbe sind – (…) Waren alle Ägypter, Griechen, Römer – sind alle Ratten und Mäuse einander gleich – nein! Aber sie sind doch Ratten und Mäuse!" (AePdGzBdM, S. 30)

---

[21] Giambattista Vico, der Verf.

2.5 Die Utopie der historischen Progression und des Endpunkts der Geschichte; `das Deutsche` als Minderwertigkeitskomplex; Antagonismus der Neuzeit

Die Idee des geschichtlichen Vorausgangs ist in unserem Kulturbegriff vorprogrammiert; diese Idee entstammt der antiken Vorstellung eines widerspruchslosen Lebens, bekommt jedoch in den verschieden Epochen jeweils eine zeit- und kulturkonforme Entsprechung. Diese Utopie ist entweder rück- oder vorwärtsgewandt (aber trotzdem als Idealbild zukunftsorientiert) und setzt eine Statik und Rigidität voraus, die nach Berlins Auffassung nicht der gesellschaftlichen Realität entspreche. Die Zeit, wo der Verstand triumphiere und die blinden Kräfte ausgeschaltet würden, sei vorbei. Treffend ist die Bemerkung, dass im Marxismus `der Mensch` auf dem Altar der Abstraktionen aufgeopfert werde (ebd., S. 16). Im Grunde trifft diese Analyse auf jede Ideologie zu, in der eine Gleichschaltung den gesellschaftlichen Konsens bedingt. Wer aber glauben möge, dass nur die rationelle Vereinnahmung der Welt einen Halt verschafft, geht leer aus: das Mythos des `edlen Wilden` wiederspiegelt scheinbar einen Gegensatz zwischen Unschuld und Vernunft, laufe jedoch auf dasselbe hinaus: der Mythos entpuppt sich als Rationalisierung, als ein nicht einzulösendes abstraktes Ziel der Menschwerdung (ebd., S.30).

Im Grunde erweist sich Berlin, auf den Fußspuren Herders, als ein Befürworter des kritischen Dialogs, wobei Kritik jedenfalls niemals mit einer endgültigen Wahrheit in Verbindung gesetzt werden darf. Ausgangspunkt für ein interkulturelles Verständnis ist die sogenannte `family resemblance` (ebd., S.31), die der Grundüberzeugung verhaftet ist, dass sich zwar die menschlichen Bedürfnisse unterscheiden, aber dass diese trotz allem *menschlich* sind.

Desweiteren bestätigt Berlin das schon im 18. Jahrhundert entstandene nationalistische Ressentiment der Deutschen, insbesondere in Bezug auf das kulturell und machtpolitisch überlegenere Frankreich. Besonders Herder habe, um einen engstirnigen Nationalismus entgegenzuwirken, auf die `qualitative Eigenheit` der Deutschen aufmerksam gemacht, aber dies geschah immer zugleich aus dem Bezugspunkt der Wertegleichheit. Berlin formuliert es folgendermaßen:

„Menschen haben nicht sich selbst erschaffen: sie sind in einen Strom von Tradition hineingeboren, als erstes die Sprache, die ihren Gedanken und Gefühlen Ausdruck verleiht, die sie nicht ändern oder verlieren können, die ihr Innenleben formt. Die Qualitäten, die Menschen gemeinsam haben, reichen nicht aus, die Erfüllung eines Menschen oder seiner Natur zu garantieren, da die wenigstens genauso von einer charakteristischen Raum-, Zeit und Kulturkonstellation abhängig ist, in die ein Mensch auf einzigartige Weise hineingeboren ist. Indem man diese Charakteristiken negiert oder verwischt, vernichtet man des Menschen Seele wie Körper." (ebd., S. 39f)

Die Gefahren der Utopie, die in der Geschichte des 20. Jahrhunderts ihre verheerende Wirkung gezeigt haben, seien inzwischen, z.b. von Orwell, in eine Anti-Utopie umgewandelt worden. Das utopische Bestreben sei mit kulturellem – wenn man so will: nationalem – Eigensinn verschachtelt, da jede gesellschaftliche Kraft, wie hier das Utopische, Gegenkräfte hervorrufe. Einigermaßen lakonisch stellt Berlin an dieser Stelle fest, dass `ein gewisses Equilibrium' gefragt ist, das jedoch – so die Kehrseite – *notwendigerweise* instabil sei (ebd., S. 46ff). Hieraus spricht ein pragmatisches Völkerverständnis, in dem das Credo der (vor allem französischen) Aufklärer – es gäbe eine zu ergründende menschliche Natur neben den Gesetzen von Isaac Newton – verlorengegangen ist.

2.6 Ein Zeitenbruch: Das Tragische als Pendant zum geistigen Universalismus; die Geburt des `Anti-Helden' und einer deutschen Gegenkultur

Den Verlust einer allgemeinen, verbindlichen Perspektive des menschlichen Zusammenlebens setzt Berlin mit dem Idealismus der deutschen Philosophen und Romantiker in Verbindung. Dieser Anschauung liegt meines Erachtens der Gedanke zugrunde, dass es schon seit Plato in der westeuropäischen Literatur eine Tendenz gibt, das Leben zu rationalisieren und metaphysisch und metaphorisch in einer `Urgestalt' zu verankern. Diese Rationalisierung erlaubt ein Denken in Oppositionspaaren: das Gute gegenüber dem Bösen, das Schöne gegenüber dem Hässlichen, usw. Indem man metaphysisch eine solche Dichotomie als möglich erachtet, muss es ein Maß aller Dinge geben, etwas was diesem Wahrheitsanspruch eine universelle Bedeutung verleiht. Bei Plato war dies eine absolute Ideenwelt, und in der christlichen Tradition hatte man das Moralische auf ein übersinnliches Jenseits verlagert. Die `Barbarei unseres Jahrhunderts' (das 20. Jahrhundert, der Verf.) ist aus der Sicht Berlins auf die Herausbildung der zwei geistesgeschichtlichen, einander widersprechenden Strömungen zurückzuführen: einerseits Relativismus (= Verteidigung des Subjektiven, durchaus auch des Nationalen) und andererseits der Utilitarismus als Folgeerscheinung der Aufklärung (vgl. hierzu Tctoh, S. 180ff). Der Faschismus beruft sich wohl eher auf das erste Prinzip, während der Kommunismus in seiner Grundtendenz utilitaristisch zu deuten ist.[22]

„Eine der Konsequenzen von diesen fundamentalen Annahmen – nach denen Menschen seit zwei Jahrtausenden gelebt hatten – ist, dass Konflikt und Tragödie nicht wesentlich zum menschlichen Leben gehören. Die Tragödie – in Opposition zur totalen Katastrophe – besteht aus den Konflikten infolge der menschlichen Handlungen, oder Charakter, oder Werte. Wenn im Prinzip alle Fragen zu beantworten wären, und alle Antworten kompatibel wären, dann wären solche Konflikte prinzipiell zu vermeiden gewesen. Das tragische Element im Leben ist demnach immer Folge von zu

---

[22] Interessanterweise wird so der Kommunismus als politischer Ausläufer der Aufklärung interpretiert.

vermeidenden menschlichen Fehlern: perfekte Menschen würden sie nicht kennen; es kann keine Inkongruenz geben, und somit keine Komödie oder Tragödie, in einer Welt von Engeln und Heiligen. Diese Voraussetzungen, die die westliche Geistesgeschichte seit der klassischen Antike bestimmt haben, wurden in der ersten Hälfte des 19. Jahrhunderts nicht mehr hingenommen. In jener Zeit begann, ein immens einflussreiches Bild von dem europäischen Geist Besitz zu ergreifen. Das ist das Bild von dem heroischen Individuum, das seinen Willen der Natur oder Gesellschaft auferlegt: nicht der Mensch als Krone eines harmonischen Kosmos, aber als Wesen, das ihm entfremdet ist, ihn jedoch zu bezwingen und dominieren versucht." (Tctoh, S. 185)

Vor diesem hier geschilderten Zeitenbruch war der Romantiker höchstens eine Pervertierung der Natur – er hatte sich dem universellen Wahrheitsanspruch verschlossen und sich von der Natur abgekoppelt – aber in Berlins Deutung wird das romantische Ideal, die Ergründung des Subjektiven, selbst zum `kategorischen Imperativ' (ebd., S. 187). Es geht nicht mehr um die Erschließung universeller Wahrheiten, bei den Romantikern wird das Subjektive gleichsam zum Selbstzweck erhoben. Biologische Triebe und schöpferische Kreation führen zur Selbstvergöttlichung im Lichte einer lückenhaften Metaphysik.

In diesem Zeitenbruch entsteht auch ein neues literarisches Mythos: das des Anti-Helden, der nicht mehr an gesellschaftliche Konvention gebunden ist, sondern seine eigene Welt erschafft, indem er sich jener Konvention geradezu widersetzt. Es gilt seitdem nicht mehr, das Verbindliche darzustellen, sondern das unverbindlich Persönliche, in dem ein radikal subjektiver Freiheitsanspruch zum Tragen kommt. Idealismus kann man in diesem Rahmen mit der heutigen Bedeutung gleichsetzen: es geht um die Schaffungsfreiheit des Individuums, die keine Bindung an einen allgemeinen Wahrheitsbegriff erfordert. Es sollen keine Widersprüche beseitigt werden wie im aufklärerischen Bildungsideal, sondern diese werden geradezu evoziert und gehören zur Natur der Romantik. An die Stelle von `Wahrheit' treten Werte.[23]

Folge dieses Selbstverständnisses ist die Verabsolutierung der künstlerischen *Integrität*, Berlin nennt dies ein `säkularisiertes Christentum' (ebd., 193) . Es mag nicht verwundern, dass das Genialische als Bestandteil der späteren Philosophie des Willens (Schopenhauer, Nietzsche) betrachtet wird. Die schon oben genannte Verwandtschaft – avant la lettre – mit dem Faschismus ist naheliegend: die Nazis betonten hauptsächlich das Genialische der deutschen Rasse. Berlins Analyse des nationalistischen Elements der Romantik ist, genauso wie bei Safranski, mit der deutschen kulturellen Selbstbehauptung verbunden. So schreibt er:

---

[23] Berlin benutzt den Ausdruck 'Universalismus' übrigens anders als Safranski; während jener ihn ausschließlich mit allgemeiner Gültigkeit (also Wahrheit) gleichsetzt, versteht Safranski die Verwischung literarischer Gattungen und zugrundeliegender geistesgeschichtlicher Strömungen darunter.

„Varietät statt Uniformität; Inspiration statt versuchter und erprobter Regeln der Tradition; das Unerschöpfliche und Unbegrenzte statt des Messbaren, des Deutlichen, der logischen Struktur; das innere Leben und dessen Ausdruck in der Musik; die Anbetung der Nacht und des Irrationalen; das war die Kontribution des wilden deutschen Geistes, der wie ein frischer Wind über das fensterlose Gefängnis des französischen Establishments wehte. Diese große Revolte der erniedrigten Deutschen gegen die tote und egalisierende rationalistische Pedanterie des französischen Denkens und Geschmacks in der Mitte des 18. Jahrhunderts hatte anfangs einen lebenserregenden Effekt auf die Kunst und die Ideen über Kunst, auf Religion, auf persönliche Beziehungen zwischen Menschen, auf individuelle Moral. Dann überflutete die zeitbedingte Gefühlswelle das Land und überschwemmte die benachbarten Gebiete der Politik und des sozialen Lebens mit buchstäblich vertilgender Wirkung. Alle Formen des erbitterten Kampfes wurden als wichtiger erachtet als friedvolle Kommunikation und Kompromissbereitschaft; Extremismus, Konflikt, Krieg wurden als solche glorifiziert." (ebd., S.196f)

Bevor wir zu einer Analyse dieser ziemlich eindeutigen Schilderung des deutschen Geistes kommen, muss erst einmal festgehalten werden, dass Berlin hier an die Romantik in all ihren Erscheinungsformen anknüpft, so wie Safranski sie definiert: als *Geisteshaltung*. Berlin weist auf zwei widersprüchliche Tendenzen *und* Wirkungen dieser Attitüde hin: eine positiv besetzte und eine negativ besetzte. In der positiven Interpretation ist die **deutsche** Romantik eine neue Sphäre des Denkens, in der eventuelle gesellschaftliche Neuerungen schon enthalten sind. Sie hat unwiderlegbar der Herausbildung eines deutschen Selbstbewusstseins Auftrieb gegeben und daneben einer Demokratisierung der deutschen Gesellschaft im 18. und 19. Jahrhundert Vorschub geleistet. Dahingegen schildert Berlin zugleich die destruktive Kraft einer nach innen gerichteten Geisteshaltung, die nicht auf das Allgemeinwohl, sondern in der nationalistischen Tendenz auf das Besondere der eigenen Kultur beharrt. So stellt Berlin heraus, dass solch eine Tradition zu ʽTrugschlüssen in der Theorieʼ führen sowie ʽruinösʼ in der Praxis sein könne (ebd., S.197).

2.7   Die Apotheose des Ichs: eine `Fußnote' zu Kant[24]

In dem Kapitel `Die Apotheose des freien Willens' erörtert Berlin unter anderem – vor allem als Gegengewicht zu dem romantischen Idealismus – die Auseinandersetzung mit dem Werke Immanuel Kants. Kant habe sich einerseits der `mechanistischen Psychologie' (ebd., S. 220) der französischen Enzyklopädisten und andererseits einer weitläufigen – wenn man will idealisierenden – Interpretation des menschlichen Freiheitsverständnisses widersetzt und eine andere Auffassung von Moralität entworfen. In dem Kantschen System sei Moralität unlöslich mit der Idee von Freiheit verschmolzen, aber anders als im französischen Rationalismus auf eine *handelnde* Vernunft ausgerichtet. Trotzdem, so argumentiert Berlin, habe Kant es unterlassen, die rationelle Grundierung des handlungsorientierten Willens genügend zu unterbauen. Übrig bliebe ein unabhängiger Wille, der im Laufe des 18. Jahrhunderts von einer `stürmischen' Stimmung infiziert worden sei (ebd., S. 220).[25]

Im Gegensatz zu Kant wird Fichte von Berlin zum `geistigen Vater der Romantik' erklärt, da bei ihm schon der Sieg von dem Willen über eine `redliche, diskursive' Vernunft mitschwingt (ebd., S. 225). Die Auswirkung dieser Philosophie ist grundlegend für eine gefühlsbetonte, subjektivistische Philosophie, die die Welt (das sogenannte Nicht-Ich) zu einem reinen Objekt des menschlichen Willens herabsetzt.[26] Genauso wie bei Kant wird die Vernunft von der Handlung gesteuert, aber anders als bei Kant geschieht dies nicht nach allgemeinen Gesetzen, sondern mit einer größeren Willkür: es geht um die `Eroberung der Natur und das Erreichen von Freiheit für Nationen und Kulturen als Selbstrealisierung des Willens' (ebd., S. 227). Das allgemein menschliche wird von Fichte ohne weiteres in seiner Bedeutung an das Nationale festgemacht, an die Idee, dass das Individuum in eine Kultur eingebunden ist. Das ist eine klare Einschränkung des Kantschen Freiheitsbegriffs, der dem menschlichen Willen keine kulturellen Grenzen setzt. Aber nicht die Natur ist im Fichtschen Verständnis die größte Bedrohung des Menschen, sondern dessen Freiheitswille. Die Gefahr der romantischen (Gegen)Utopie ist hier schon ausgedrückt: wenn die Freiheit des Einen die Unfreiheit des Anderen bedingt, dann kann der Freiheitsbegriff als solcher in Frage gestellt werden.

In unserem eigenen geistesgeschichtlichen und gesellschaftlichen Kontext scheint dieser Gegensatz inzwischen in voller Breite zum Tragen gekommen sein. Immer mehr werden in den westlichen Industriestaaten die allgemeinen Regeln des Zusammenlebens in Frage gestellt und von Bürgern die Rechte des Einzelnen eingefordert, als ob es keinen Zusammenhalt zwischen Eigenbelang und dem Gemeinschaftswohl gäbe. Scheinbar haben

---

[24] Ich habe mir hier einen Verweis auf A.N. Whitehead erlaubt, der die westliche Philosophie als eine Fußnote zu Plato umschrieb.
[25] Berlin nennt die Begründung des Kantschen Freiheitsbegriffs an derselben Stelle "obskur". Es ist gleichwohl die Frage, ob ein ‚stürmischer' Wille unabhängig genannt werden kann.
[26] Oder hinaufsteigert, je nach dem eigenen Standpunkt.

die Romantiker gewonnen: die Utopie einer besseren Gesellschaft ist zu einer Utopie der persönlichen Entfaltung verklärt, da es offenbar nicht mehr möglich scheint, das Gemeinschaftswohl als solches zu erkennen oder sich mit dem allgemeinen Interesse zu identifizieren. Aus dem engen Blickwinkel des nationalen Interesses (was dies auch sein mag) ist in unserer Zeit ein noch engerer Blickwinkel entstanden: der des selbstbetonten Bürgers, der sich nicht mehr als Teil eines Ganzen versteht, sondern seine Identität vor allem aus den Ansprüchen eines vulgären Freiheitsbegriffs ableitet. Die einst kulturkritische romantische *Geisteshaltung* ist meines Erachtens selbst zum Leitmotiv der modernen Kultur geworden. Sie ist nicht politisch motiviert, sondern zum Selbstzweck degradiert.

2.8 Zwischenbilanz: moderne Kulturkritik an einer verhinderten Transzendenz im intermenschlichen Bereich

Herders Kulturbegriff bedeutet eine Erweiterung der von Kant bestimmten Vernunft: durch die Historizität der Wahrnehmung erscheint die Welt dem Menschen jeweils in einem anderen Licht, es kann nicht mehr die Rede von einer metaphysisch begründeten, ewig geltenden Vernunft sein. Überdies ist der Mensch ein *sprachliches Wesen*, in dessen Welterfassung das Kulturelle (die eigene Sprache und deren eigentümliche Konnotationen) das Weltverständnis überlagert. Die metaphorische Verschlüsselung der Sprache referiert zugleich an die Affekte, die von der eigenen Sprache hervorgerufen werden. Wir Menschen verständigen uns *über* die Sprache, aber niemals mittels einer Sprache. Nicht die Sprache ist das Instrument, sondern der Sprachbenutzer ist das Instrument der Sprache. Sie ist nie denotativ, sondern ihrem Wesen nach konnotativ: mehrdeutig, vielschichtig und affektbeladen.

Herder weist auf den Verlust des Poetischen in den westlichen Kulturen hin, ohne Zweifel ein Verweis auf die zunehmende Rationalisierung und Instrumentalisierung der Sprache.[27] Wie im vorigen Abschnitt schon erwähnt wurde, basiert diese sprachliche Vereinheitlichung laut Herder auf einem Trugschluss, weil diesem Unifikationsdrang zugleich ein Realitätsverlust einhergehe. Der Mensch ist *als* Kulturwesen ein Mängelwesen, weil die eigene Sprache und kulturell bedingten Eigenheiten nicht mehr zu einer allgemeinen Anthropologie führen kann. Andererseits sind alle Menschen sprachliche Wesen und somit Mängelwesen. Das Defekt ist zugleich das unifizierende Moment in den intermenschlichen Beziehungen; Herders Anliegen ist es, diese Schranken zu sehen und den eigenen Blickpunkt zu relativieren.

---

[27] Neben dem Widerstand gegen die französischen Aufklärer, allen voran Voltaire.

Isaiah Berlin sieht einen Unterschied zwischen dem Kulturrelativismus und dem Wertepluralismus. Im Gegensatz zum ersteren Prinzip würde das zweite eine interkulturelle Verständigung ermöglichen, weil es auch das Verbindliche und allgemein menschliche herausstellen würde. Der Kulturrelativismus verhindere es, über den eigenen Zaun zu schauen, um etwas über die Ursprünge anderer Werte zu lernen. Es bleibe zu viel bei einer Akzeptanz anderer Werte, ohne deren eigentliche Tragweite zu erfassen. In der Auswirkung beider Gesichtspunkte sehe ich viele Übereinstimmungen, obwohl Berlin mehr auf das Belang von allgemeinen Werten abzielt, die dem – manchmal destruktiven – Charakter des Nationalen übersteigen. Jedoch bleibt auch er die Antwort auf die Frage schuldig, was denn eigentlich das allgemein Menschliche ausmacht, er beruft sich vor allem auf ein vages `Equilibrium' von Kräften und Gegenkräften.

Im 20. Jahrhundert, so Berlin, gibt es eine Entwicklung in zwei Richtungen: einerseits den Verlust der gesellschaftlichen Utopie, und andererseits die Tendenzen, das Persönliche, die individuelle Selbstentfaltung dahingehend zu übersteigern, dass der Rückhalt einer gesellschaftlichen Bindung verloren geht. Dies greift meines Erachtens zugleich in das Problem der Freiheit über: anstelle einer gründenden `Wahrheit' sind in den westlichen Industrienationen individuelle statt kulturelle Werte getreten und somit nicht an ein nationales Bewusstsein verbunden. Bei einem fehlenden oder mangelnden nationalen Bewusstsein liegt die Herausbildung nationalistischer Kräfte auf der Hand. Ich will hier gleich vermerken, dass dies natürlich nur teilweise eine sehr komplexe Problematik erklären kann. Es mag klar sein, dass es hier sich nicht um eine Paraphrase von Berlins Auffassungen handelt[28], sondern meine Sichtweise darstellt.

---

[28] Berlin ist im Jahre 1997 verstorben und hat in diesem Essayband nirgends den Standpunkt vertreten, dass das Individuelle das Kulturelle inzwischen verdrängt habe, er weist nur auf die Gefahren der romantischen Ideale hin.

3.0 Ausblick: das `Deutsche' als Destillat der Geschichte und der Geistesgeschichte

Anhand des beschriebenen geistesgeschichtlichen Rahmens – bei Safranski, Herder und Berlin – will ich an dieser Stelle die anfangs formulierten Fragen beantworten. Die erste wichtige Feststellung ist die Tatsache, dass es sich bei der Romantik im deutschen Sprachraum um eine weit ausgefächerte Geistesströmung handelt, die man als solche nicht nur literarisch deuten darf. Wenn man dies tut, dann vernachlässigt man die Breitenwirkung eines kulturellen Phänomens, das die Literatur in seinem Anspruch auf Freiheit und schöpferische Selbstgestaltung überschreitet. Safranski ist es meines Erachtens gelungen, diese Breitenwirkung sachgerecht darzustellen. Anders als in der englischen und französischen Literatur handelte es bei der deutschen Variante nicht bloß um einen Versuch, einem rationellen Weltverständnis entgegenzuwirken, sondern zugleich war in ihr das Bestreben enthalten, den Deutschen ein nationales Bewusstsein zu vermitteln.

Safranski verfährt in seiner Darstellung methodisch auf dieselbe Weise wie Herder und Berlin: er entfaltet eine dialektische Wechselbeziehung von Geschichte und Geistesgeschichte, in der das `Deutsche' exemplarisch hervorgehoben wird. Exemplarisch ist die Subjektivierung des Transzendentalen im deutschen Idealismus, die Politisierung des romantischen Lebensgefühls als Revolte gegen soziale Missstände und die Radikalisierung desselben in der zweiten Hälfte des 19. Jahrhunderts bei Marx und Engels.

Auch akzentuiert er die kulturhistorische Bedeutung des Völkischen im 19. Jahrhundert, wobei die Sehnsucht nach einer deutschen Mythologie durchaus als Symptom einer fehlenden nationalen Identität aufgefasst werden darf. Safranski, Herder[29] und Berlin weisen alle drei auf die französische Kulturhegemonie im 18. Jahrhundert hin, die dem Verlangen nach einer eigenständigen deutschen Kultur Vorschub leisteten.

Das Besondere an Safranskis Analyse ist die unübliche Darstellung des deutschen Bildungsbürgertums: normalerweise wird dieses mit den Ideen der Aufklärung gleichgestellt, aber bei Safranski findet eine Wende statt; gegen den Hintergrund eines mangelnden nationalen und gesellschaftlichen Selbstbewusstseins ist Bildung gleichfalls Selbstentfaltung im persönlichen Bereich. Die schöpferische Naturkraft der Romantiker fördert die Idee des Genialischen und steigert dies im Geiste des deutschen Pietismus zur Selbstvergöttlichung.

---

[29] Herder richtet sich an mehreren Stellen in AePdGzBdM an die französischen Philosophen – ohne sie direkt beim Namen zu nennen – und attackiert deren Arroganz und vermeintliche kulturelle Überlegenheit.

Berlin lässt insbesondere den neuzeitlichen Widerspruch zwischen utopischen Glauben und individueller Selbstbehauptung anklingen, einen Antagonismus, der die großen politischen Strömungen in Deutschland am Anfang des 20. Jahrhunderts entscheidend geprägt hat. Innerhalb Deutschlands führte dieser Widerspruch beinahe zu einer staatlichen Selbstzerrüttung und mündete in zwei Weltkriege, wobei vor allem im Anlauf zum Zweiten Weltkrieg der angesprochene Antagonismus auf tragische Weise zur Geltung kam.

Wo der Glaube an das Individuelle als tragendes Moment der Geschichte bei Safranski keine große Rolle spielt – seine Darstellung ist vor allem der Transzendenz verpflichtet[30] – , sieht Berlin gerade in der Betonung des Subjektiven eine Gefahr für ein friedliches Zusammenleben. Obwohl er keineswegs einer gesellschaftliche Utopie verschrieben ist, sieht Berlin eine große Bedrohung in einer einseitig fundierten Moralität, die nur dem eigenen Interesse Rechnung trägt. Dass seine Analyse zutrifft, zeigt die Entwicklung in vielen westlichen Ländern: unifizierende und pazifizierende Ideologien sind überholt, neben einer Zersplitterung von der politischen Landschaft hat vor allem die Idee einer Glorifizierung des Ichs in unserer Kultur Einzug gehalten.

Bei dem Mangel einer identitätskonstituierenden gesellschaftlichen Ideologie ist in Zeiten der Globalisierung inzwischen das Nationale wieder zum Chefthema im gesellschaftlichen Umgang geworden. Leider gibt es dabei Tendenzen, die dem Ideal der `Leitkultur' eine große Bedeutung zumessen.

Wenn wir eines von Herder lernen können, dann ist es, dass kulturelle Werte keinen Ewigkeitswert besitzen – Kultur ist kein Metaphysikum – . Dummerweise ist in Herders Analyse schon das Problem einbegriffen: die Utopie ist außer Sicht geraten und in einem falsch verstandenen Sinne kann das Nationale zum einzigen verbindlichen Wert werden, wenn wir nicht das Endliche unserer eigenen Kultur ins Auge fassen:

„Siehe das ganze Weltall von Himmel zu Erde – was ist Mittel? Was ist Zweck? Nicht alles Mittel zu Millionen Zwecken? Nicht alles Zweck von Millionen Mitteln? Tausendfach die Kette der allmächtigen, allweisen Güte in- und durcheinandergeschlungen: aber jedes Glied an der Kette an seinem Orte Glied – hängt an Kette und sieht nicht, wo endlich die Kette hange. Jedes fühlt sich im Wahne als Mittelpunkt (...).“ (AePdGzBdM, S.84)

Da das Sprachliche, das Kulturelle und das Nationale immer nur einen *relativen* Wert besitzen, erübrigt sich eine starre, unhistorische Festlegung und Verabsolutierung jener identitätsstiftenden Werte.

An dieser Stelle möchte ich zurückkommen auf die im Vorwort formulierten Fragen. Die wichtigste Frage war, ob es Safranski gelungen ist, die Beziehung zwischen der Romantik und einer deutschen Identität herzustellen, und zugleich, was dieses `Deutsche' denn ausmache. Wichtig ist seine weitläufige Interpretation des Transzendenzbegriffs: bei ihm

---

[30] Der Verweis auf die deutsche 'Weltfremdheit' ist bei Safranski auf den deutschen Provinzialismus zurückzuführen.

wird alles, was die Grenzen des Ichs überschreitet, mit `transzendental' angedeutet (man könnte auch sagen: der Wille). Irrtümlicherweise könnte man meinen, dass damit gerade eine *menschliche* und keine deutsche Identität angesprochen ist. Erst der historische Kontext – das Beziehungsgeflecht zwischen Geschichte und Geistesgeschichte – erlaubt eine Zuschreibung typisch *deutscher* Eigenschaften wie Tiefsinn oder Weltfremdheit. Es gelingt Safranski nicht immer, um die Prämisse der Kontextualisierung einzuhalten, vor allem bei dem schon genannten Tiefsinn. Es kann dabei leicht der Eindruck entstehen, als gäbe es eine `deutsche Natur'[31], die – total unhistorisch – einen Ewigkeitswert besitzt. Im Hinblick auf Herder und dessen Erörterung des Volksgeists wäre eine solche Darstellung zu grobschlächtig, weil dieser den Volksgeist immer in einen historischen Kontext einbettet.

Demgegenüber ist es Safranski meines Erachtens gelungen, die Gefahren eines vulgarisierten Freiheitsbegriffs auszuarbeiten, dem nationalistische oder antiautoritäre Tendenzen zugrundeliegen, die dem romantischen Ideal entsprechen. Die nationale Identität wird hierbei zum `Trotzdem': es gilt einerseits, sich gegenüber anderen Kulturen zu behaupten, und anderseits bringt das Nationale das Fehlen eines gesellschaftlichen Konsens zum Ausdruck. Isaiah Berlin weist in diesem Zusammenhang darauf hin, dass es kein universales Rezept mehr gibt, wobei die Diskrepanz zwischen individuellen Ansprüchen und gesellschaftlichen Anforderungen aufgehoben werden kann. Dieser Zwiespalt führt wiederum zu einer Betonung des Relativen, da die absoluten Werte ihre Gültigkeit verloren haben. Weil das Unendliche (das Sublime oder Religiöse) schlicht unfassbar bleibt, kann das Relative als solches nicht in allgemeingültige Werte umgesetzt werden. Die christliche Nächstenliebe ist genauso wenig transzendierbar wie ein allgemeiner Kulturbegriff. So verstehe ich Berlins `Equilibrium' als die Fähigkeit, die Relativität der eigenen Werte einzusehen, um der Gefahr einer `Gleichschaltung' von Werten vorzubeugen.

Vielleicht war die Romantik der letzte Versuch, den nahenden Tod der Metaphysik auszugleichen. Safranski betont, wie schon vermerkt, den transzendentalen und auch überzeitlichen Charakter der romantisches Geisteshaltung, während Herder und Berlin dazu tendieren, gerade die Kontingenz kultureller Werte hervorzuheben. Die Idee von Kant, dass der Mensch apriorisch an Raum und Zeit gebunden ist, hat Herder buchstäblich aufgefasst. Der Begriff *Volksgeist* kann also nicht als ein absolutes Maß verstanden sein, er referiert höchstens an die Wurzeln einer Kultur. Individuelle sowie nationale Identität wurzelt immer in einem relativen Bedeutungshorizont und dem damit inhärenten Selbstverständnis. Das `Deutsche' ist demnach genauso unbestimmt wie die Romantik: es unterliegt einem subjektiven Weltverständnis.

Die zweite Frage, die noch zu erörtern wäre, ist die Aufhellung der Wirkungsgeschichte der romantischen Bewegung: inwiefern ist unser Denken von dem universellen Anspruch der Romantiker beeinträchtigt worden? Die romantische Idee eines Volksgeists, der in allen Nationen das Wesen einer Nation oder Kultur repräsentiere, wird sowohl relativ als absolut

---

[31] Was sich wesentlich von der *Kultur* unterscheidet.

gedeutet. Relativ von denjenigen, die bereit sind, `über den Zaun zu schauen' und neben der kulturellen Differenz nicht die Übereinkünfte aus dem Auge verlieren; absolut von denjenigen, die der eigenen Kultur einen größeren Wert als anderen Kulturen beimessen. Die letzteren haben den Herderschen Volksgeist zu einem Urmythos verklärt. Gerade das widerspricht Herders Ansatz, das Nationale *verbindlich* darzustellen, insofern *jeder* Mensch in einem kulturellen Organismus eingebunden ist.

Problematisch ist in diesem Rahmen, darauf habe ich schon im vorigen Kapitel hingedeutet, eine Entwicklung, in der das einst schöpferische Ich sich selbst zum Maßstab aller Dinge erhebt: wenn die Einbindung in soziale Strukturen verloren geht, liegt die Gefahr einer Hinwendung zu einem romantisch verklärten Nationalismus auf der Lauer.

Das Anliegen Safranskis, die Romantik als typisch deutsche Geisteshaltung darzustellen oder gar alle Deutsche zu Romantikern zu stilisieren, halte ich für überspitzt. In dem Beziehungsgewebe von der deutschen Geschichte und Geistesgeschichte kann man durchaus eine nationalistische Grundhaltung herauskristallisieren. Man kann die Weltfremdheit der Deutschen im 19. Jahrhundert auf den deutschen Provinzialismus und den Mangel sozialer Strukturen zurückführen. Ansonsten ist der gattungsübergreifende Charakter der Romantik in Deutschland ein unübersehbarer Faktor.

Wenn man die Romantik jedoch genauso weit fasst, wie Safranski es in seiner Analyse tut, dann muss man feststellen, dass es im vorigen und diesem Jahrhundert auch in vielen anderen Nationen nationalistische und antiautoritäre Richtungen gab und gibt, die man mit der `politischen' Romantik in Verbindung setzen kann. Damit verlieren die Deutschen ihren Heimvorteil. Überdies ist das Mythos des sich selbst schaffenden Menschen inzwischen zum Allgemeingut in den westlichen Ländern geworden.

Die besondere Form und Ausdrucksweise der Romantik in Deutschland sollte man ruhig `deutsch' nennen dürfen. Aber ich glaube, dass es in Zeiten der - auch kulturellen – Vernetzung immer schwieriger wird, das Eigene an der jeweiligen Kultur herauszustellen. Für viele Nationen könnte man mittlerweile neben `Volksgeist' von einem `Volksgeistgemisch' reden; die Kommunikationswege haben den intermenschlichen Kontakt dermaßen erleichtert, dass es nicht mehr zeitgemäß wäre, die Herausbildung einer Kultur als eine eigenständige Entwicklung zu bezeichnen (außer in den Ländern, die sich dem Ausland verschließen).

Typisch deutsch ist die Romantik als Geisteshaltung nicht, allenfalls war der deutsche Sprachraum ein guter Nährboden für einen reformatorischen Ansatz, der sich konsequent in allen Gebieten des geistigen Lebens niederschlug. Safranskis Auseinandersetzung mit der Romantik birgt die Gefahr eines monokulturellen Verständnisses von Geistesgeschichte in sich, was (ironischerweise) dem Herderschen Menschbild widerspricht.

Literaturnachweise:

Isaiah Berlin: The crooked timber of humanity, London 1990, John Murray Publishers

Jens Heise: Johann Gottfried Herder, zur Einführung, Hamburg 1998, Junius Verlag

Johann Gottfried Herder: Auch eine Philosophie der Geschichte zur Bildung der Menschheit, Stuttgart 1990, Reclam Verlag

Friedrich Nietzsche: Jenseits von Gut und Böse, Köln 1994, Könemann Verlag

Rüdiger Safranski: Romantik, eine deutsche Affäre, Frankfurt a/M 2009, Fischer Verlag

Christa Wolf: Kein Ort. Nirgends, Hamburg 1981, Luchterhand Literaturverlag

Vernunft, Freiheit und Humanität, Essays zu Johann Gottfried Herder und einige seiner Zeitgenossen, Eutin 2008, Lumpeter & Lasel

Bemerkung zu den benutzten Zitaten von Isaiah Berlin: diese sind von mir aus dem Englischen übersetzt worden

Die Zitate von Tieck, Herder und Hegel im ersten Kapitel habe ich buchstäblich Safranskis Studie entnommen und dabei auf ihn zurückverwiesen. Dasselbe gilt für die Zitate von Herder, Wefelmayer und Platner im zweiten Kapitel: sie entstammen, mit entsprechendem Rückverweis, der Studie Heises.